1 juin 1904

VENTE

HOTEL DROUOT, SALLE N° 8

Le Samedi 11 Juin 1904

à trois heures.

Tableaux Anciens

APPARTENANT A

M. LE COMTE A. DE G***

(2ᵉ VENTE)

Mᵉ **LAIR-DUBREUIL**

COMMISSAIRE-PRISEUR

6, rue de Hanovre, 6

M. **GEORGES SORTAIS**

PEINTRE-EXPERT

PRÈS LE TRIBUNAL CIVIL DE LA SEINE

4, rue Mogador, 4

TABLEAUX ANCIENS

CONDITIONS DE LA VENTE

Elle sera faite au comptant.

Les acquéreurs payeront *dix pour cent* en sus des prix d'adjudication.

Paris. — Imp. Georges Petit. — 11151-01.

CATALOGUE

DES

TABLEAUX ANCIENS

PAR

BEECHEY (Sir W.), BONINGTON, DAVID
GREUZE, LARGILLIERE, LAWRENCE (Sir Th.)
OUDRY, PRUD'HON, VESTIER

Appartenant à M. le Comte A. de G***

2ᵐᵉ VENTE)

ET DONT LA VENTE AURA LIEU

HOTEL DROUOT, SALLE Nº 6

Le Samedi 11 Juin 1904

A TROIS HEURES

Mᵉ F. LAIR-DUBREUIL	**M. GEORGES SORTAIS**
COMMISSAIRE-PRISEUR	PEINTRE-EXPERT PRÈS LE TRIBUNAL CIVIL DE LA SEINE
6, Rue de Hanovre, 6	4, Rue Mogador, 4

EXPOSITIONS

Particulière : Le Jeudi 9 Juin 1904, de 1 h. 1/2 à 5 h. 1/2.
Publique : Le Vendredi 10 Juin 1904, de 1 h. 1/2 à 5 h. 1/2.

NOTICE

SUR

UN TABLEAU

DE L'ÉCOLE FRANÇAISE

DONT LA VENTE AURA LIEU

HOTEL DROUOT, SALLE N° 6

Le Samedi 11 Juin 1904

A TROIS HEURES

Mᵉ F. LAIR-DUBREUIL	**M. GEORGES SORTAIS**
COMMISSAIRE-PRISEUR	PEINTRE-EXPERT
	PRÈS LE TRIBUNAL CIVIL DE LA SEINE
6, rue de Hanovre, 6	4, rue Mogador, 4

EXPOSITIONS

PARTICULIÈRE : Le Jeudi 9 Juin 1904, de 1 h. 1/2 à 5 h. 1/2.

PUBLIQUE : Le Vendredi 10 Juin 1904, de 1 h. 1/2 à 5 h. 1/2.

CONDITIONS DE LA VENTE

Elle sera faite au comptant.

Les acquéreurs payeront *dix pour cent* en sus des prix d'adjudication.

Paris. — Imp, Georges Petit, 12, rue Godot-de-Mauroi — 14452-04.

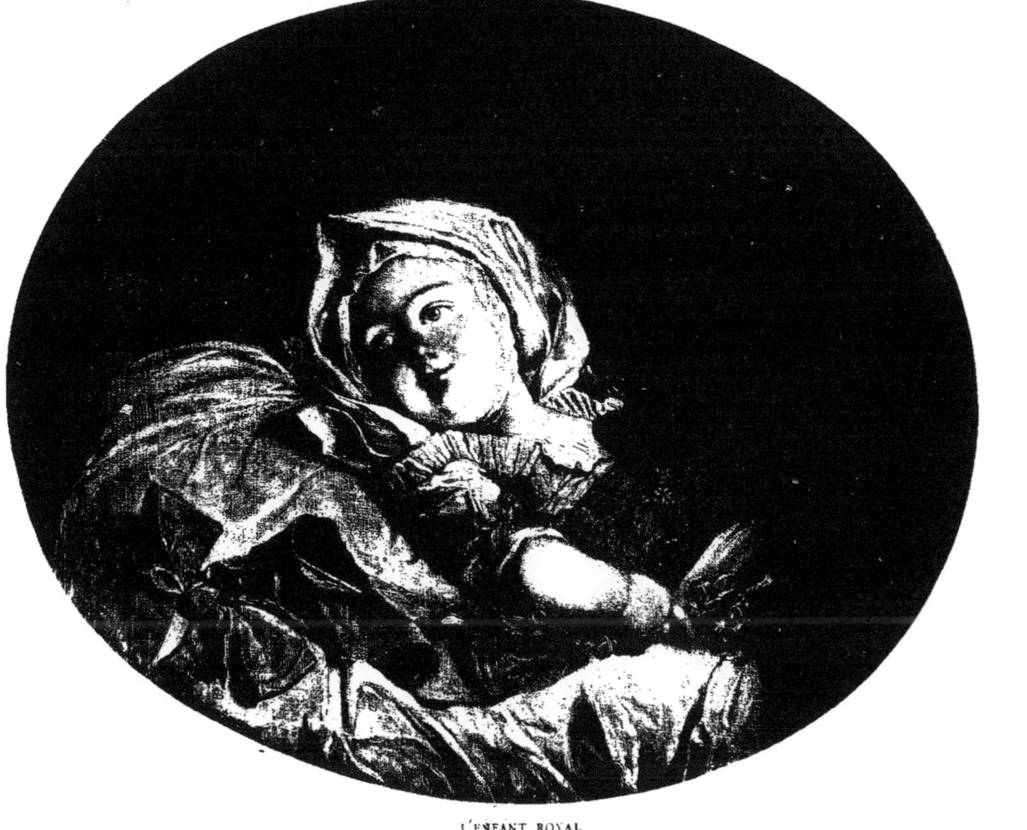

L'ENFANT ROYAL

DÉSIGNATION

ÉCOLE FRANÇAISE

1 — *L'Enfant royal.*

Dans un berceau, l'enfant royal couché, tenant de la main droite un hochet à grelots. La tête est tournée de face, les yeux grands ouverts. La chemise est à festons, le col détaché. A la hauteur de la ceinture, le grand cordon de l'ordre du Saint-Esprit, et une petite croix attachée par un nœud de ruban de velours noir. Une draperie enveloppe la tête par-dessus un béguin garni de dentelles. Au fond, une draperie marron.

Toile de forme ovale. Haut., 53 cent.; larg., 66 cent.

Collection du comte d'Auteuil.
Collection du comte Pierre de Kergorlay.
Collection de la baronne Nathaniel de Rothschild.
Collection du baron Arthur de Rothschild.

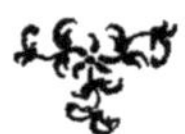

DÉSIGNATION

TABLEAUX

BEECHEY (Sir W.)

1 — *L'Enfant au chat.*

Pendant qu'on n'y prenait pas garde, l'enfant aux
pieds roses, aux bras dodus, est allé chercher le petit
chat blanc, et, sans craindre les coups de griffes, le tient
contre lui. Le chat ne parait pas autrement satisfait de
cette étreinte. Mais l'enfant est rouge de joie ; sa bouche
s'ouvre pour parler ; ses cheveux châtain clair dessinent
leurs ondulations souples sur son front. Sa robe blanche
est décolletée, découvrant les épaules grasses et rondes.
Et, sur la robe, une ceinture moirée de mauve et de rose
flotte heureusement. La jambe gauche ployée ne laisse
apparaître que le genou, la jambe droite est à demi-ployée,
et pend naturellement, sur le siège où l'enfant s'est placé.
Le torse se dessine sur un décor de parc.

Cadre en bois sculpté.

Note : Sur la même toile, au revers, se trouve une
très curieuse esquisse de portrait d'homme.

Toile de forme ovale Haut., 74 cent. ; larg., 59 cent.

BOILLY (Louis-Léopold)

2 — *Portrait de jeune femme.*

Elle est vue jusqu'à la poitrine, de trois quarts, presque de face, la tête légèrement penchée vers l'épaule droite. Elle porte un corsage Empire décolleté en carré et en partie caché par un châle jaune négligeamment jeté sur l'épaule droite. Les cheveux sont coiffés avec un désordre voulu : mèches s'évadant, accroche-cœurs défaits, etc.

Toile. Haut., 22 cent.; larg., 17 cent.

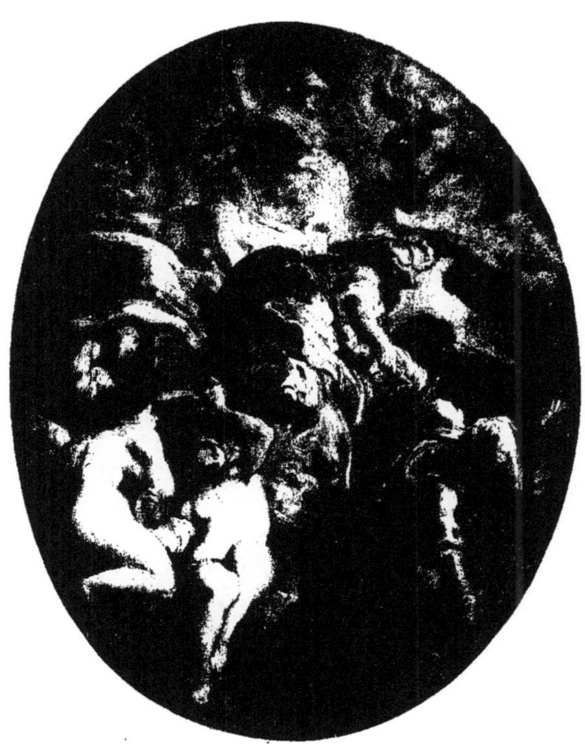

ESQUISSE D'UN PLAFOND

BONINGTON (R.-P.)

3 — *Esquisse d'un plafond.*

Admirable composition, d'un extraordinaire charme de couleur. Le mouvement du général vainqueur, en cuirasse, que la Justice accueille, et les raccourcis des femmes, qui allument pour lui les flammes sacrées, sont d'une superbe audace et d'une expression plastique où se révèle la maitrise.

Toile de forme ovale. Haut., 36 cent.; larg., 28 cent.

BONINGTON (R.-P.)

4 — *La Plage.*

A droite, la mer. A gauche, des barques tirées sur le sol, puis des figures se promenant sur le sable jusqu'aux maisons de pêcheurs abritées par la muraille abrupte des falaises.

Signé à gauche, en bas : *R.-P. Bonington, 1826.*

Toile. Haut., 30 cent.; larg., 46 cent

BONINGTON (R.-P.)

5 — *Marine. A Marée basse.*

Signé à gauche, en bas : *R. P. Bonington.*

Toile. Haut., 32 cent. ; larg., 48 cent.

BONINGTON (R.-P.)

6 — *La Marée montante.*

Panneau. Haut., 31 cent.; larg., 39 cent.

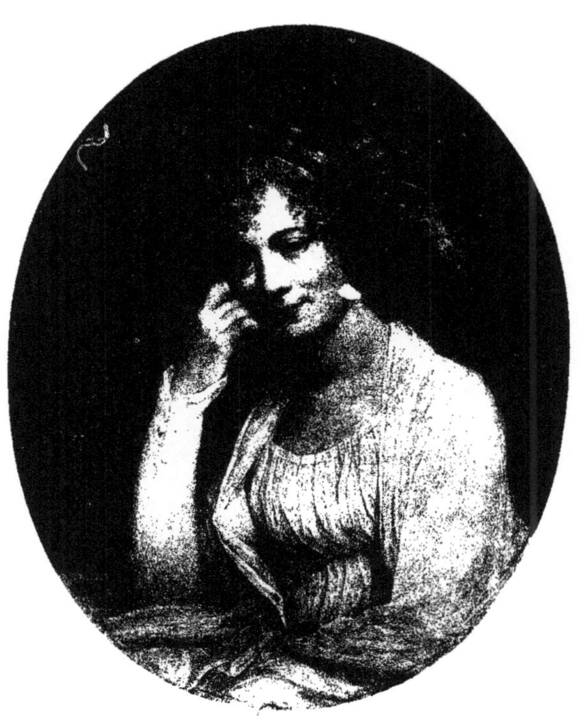

PORTRAIT DE JEUNE FEMME

DAVID (Jacques-Louis) ?

7 — *Portrait de jeune femme.*

Elle est assise, vêtue de blanc, la joue droite appuyée
sur la main, le bras droit plié et relevé. Les cheveux
abondants et tressés en natte sont tenus en chignon à
l'aide de rubans bleus d'un ton pâle. Des frisures cepen-
dant s'échappent et voilent en partie le front de leur
légèreté blonde. Le visage apparaît de trois quarts à
gauche. Les lèvres sont unies, mais on devine à la fossette
qui marque la commissure des lèvres qu'un sourire va les
égayer. Les yeux ont une étrange vivacité sur la paupière
qui bat. Le nez a de l'espièglerie, et le menton se dessine
avec finesse sur le pli délicat du cou. Le corsage, légèrement
décolleté, est en partie protégé par une écharpe de linon
blanc. La figure se détache en blond sur un fond sombre.

Toile. Haut., 73 cent. ; larg., 56 cent.

DESPORTES (François)

8 — *Fleurs, fruits et gibier.*

Auprès d'une fontaine en pierre, dans la vasque de laquelle sont posés des pêches et un panier de prunes, un lièvre, suspendu à un fusil, et, sur une pierre, des perdrix, un vase rempli d'abricots, une sacoche et une poire à poudre. A gauche, un chien épagneul couché garde le gibier.

Signé et daté en bas, à droite.

Toile. Haut., 1 m. 45 ; larg., 1 m. 25

FLINCK-GOVAERT

1615-1665

9 — *Le Frère et la sœur.*

Sur une terrasse qui borde un jardin, à l'entrée de la demeure, ils sont tous les deux debout, la fillette à gauche, de trois quarts à droite, tenant une pomme de la main gauche et portant au bras gauche un petit panier fermé, à décor noir. Elle a un costume vert clair passementé de rouge, avec un col et des rebras blancs garnis de guipure. Elle est coiffée d'un béguin d'étoffe brochée sur ses cheveux blonds. Un collier de perles d'ambre entoure son cou. Sa figure est rebondie, les yeux sont noirs. Devant elle, son frère, de trois quarts à gauche, est debout également. Il s'appuie de la main gauche sur un rotin. Il a des hauts de chausses, des guêtres et un pourpoint marron sur lequel est rabattu un col blanc. Les souliers sont serrés par un nœud de cordonnet marron. Il est coiffé d'un feutre à larges bords. Il a le teint vif, le nez à l'extrémité rouge, les yeux très bruns.

Les figures se détachent sur un mur de briques où l'on distingue une armoirie, à gauche sur un décor de parc.

Belle peinture aux chaudes et puissantes colorations, d'une exécution très primesautière.

Toile. Haut., 97 cent.; larg., 1 m. 19.

GREUZE (Jean-Baptiste)

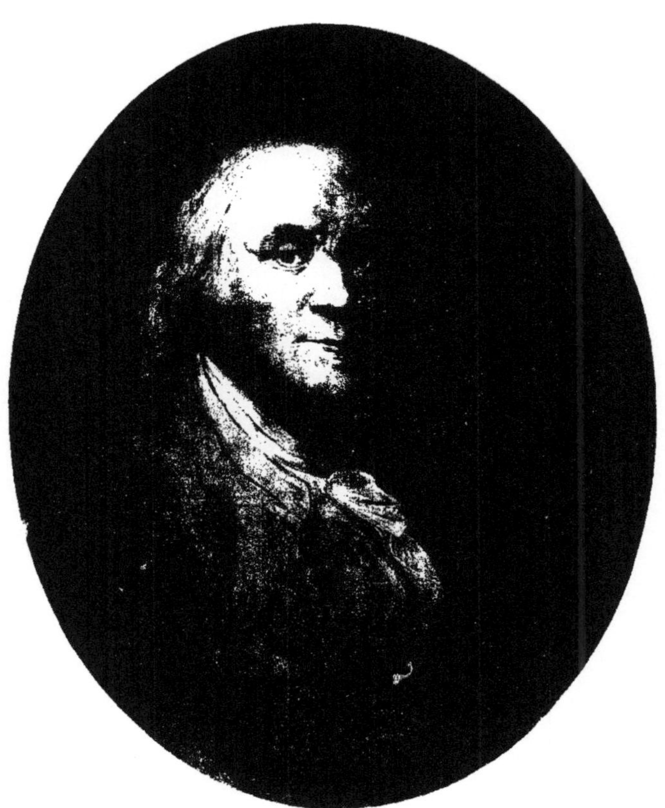

PORTRAIT DE FRANKLIN

GREUZE (Jean-Baptiste)

10 — *Portrait de Franklin.*

Il est assis, vu presque de face, à mi-corps, le front légèrement dénudé, les cheveux blancs descendant souples de chaque côté du visage et bouclant légèrement à la hauteur de l'oreille. Les pommettes sont animées, la bouche aux lèvres fines retient un sourire d'une infinie douceur. Le nez est noble de dessin. Les yeux s'ouvrent à demi; les paupières semblent un peu lasses sous une arcade sourcilière qui accentue le dessin du front puissant. Il y a, dans ce visage, toute une psychologie. Il n'y a pas un trait, pas une touche, pas une ride qui ne soit expressive d'âme. Le philosophe est vêtu d'un habit gris et d'un gilet de même couleur sur lequel joue un rabat de batiste blanche. Un manteau est jeté sur l'épaule gauche.

Préparation à l'essence.

Toile de forme ovale. Haut., 72 cent.; larg., 57 cent.

LARGILLIÈRE (N. de)

11 — *Portrait du comte de Noirmont.*

Il est représenté debout, en un geste d'élégance et de coquetterie. Son visage efféminé s'encadre de la petite perruque poudrée. Il porte la main gauche en avant, comme pour appuyer une démonstration. De la main droite posée à la hanche, il relève et fait jouer les plis de son manteau de velours grenat, ce qui permet de voir l'habit marron à broderies d'or, ainsi qu'un ruban rose qui se chiffonne sur le jabot avec un caprice délicieux. Derrière le personnage, aimable, encore que satisfait de lui, on aperçoit un ciel ennuagé qu'éclaire un pan d'azur.

Peinture aux franches et éclatantes colorations.

Toile. Haut. 1 m. 39; larg., 1 m. 06.

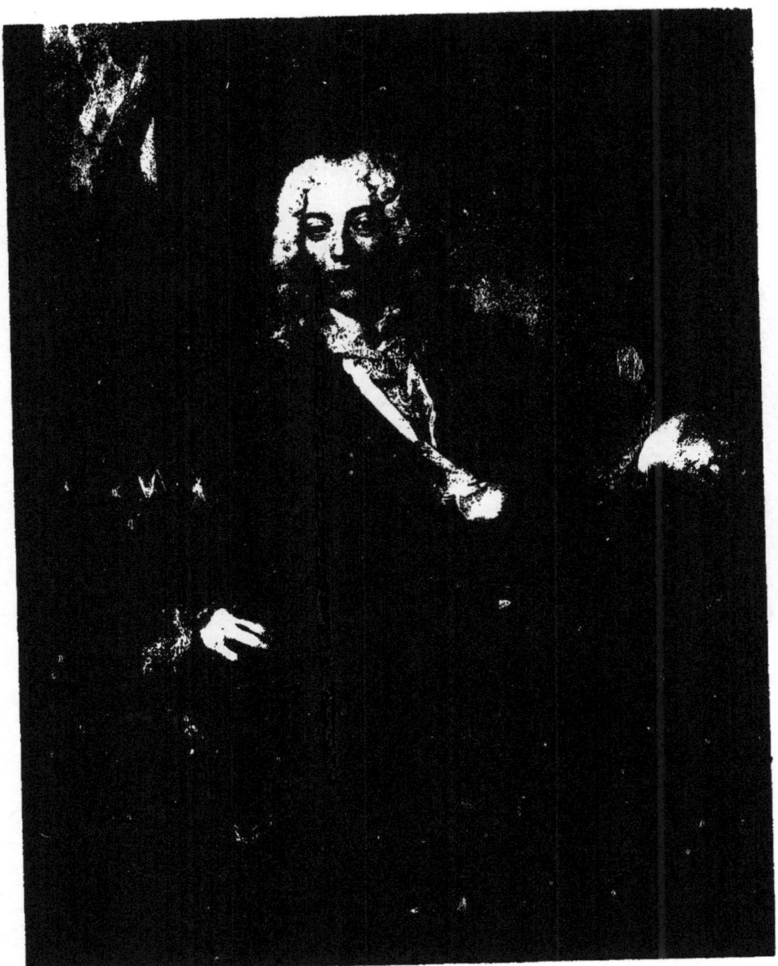

PORTRAIT DU COMTE DE NOIRMONT

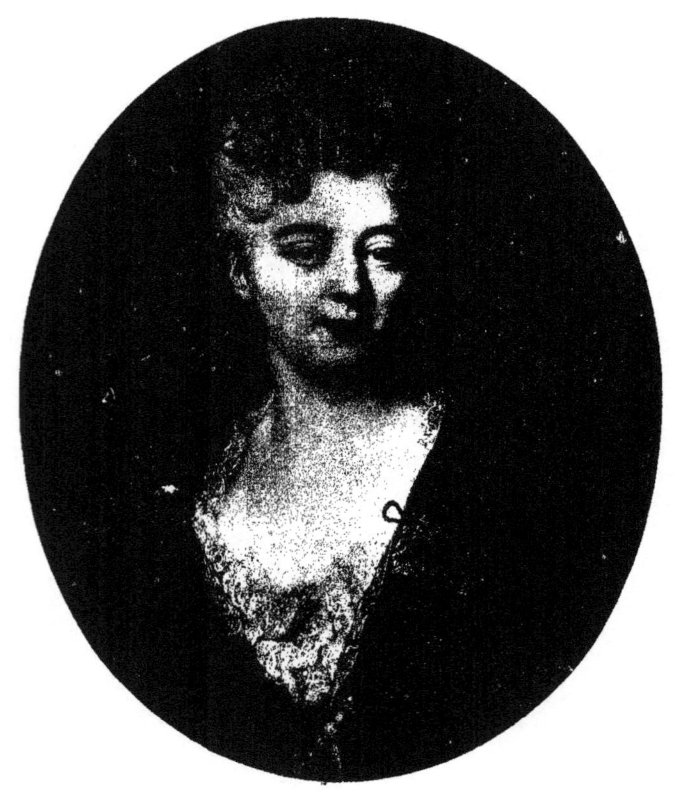

PORTRAIT DE LA MARQUISE DE CAILLY

LARGILLIÈRE (N. de)

12 — *Portrait de la marquise de Cailly, femme
du marquis de Cailly, avocat général.*

Elle est vue de trois quarts à gauche, la tête tournée de
face, un corsage décolleté émergeant d'un manteau vert
ouvert à doublure rouge. Elle a les cheveux bouclés, agré-
mentés d'un bijou de rubis et de perles et d'un petit bou-
quet de fleurs. Les yeux sont bleus, avec une grande
douceur de regard. La bouche n'est pas petite, mais le
dessin en est gracieux et spirituel. Elle a le nez volontaire
et d'un curieux mouvement. Son corsage est garni de dentelles qui jouent sur la poitrine.

Cadre en bois sculpté.

Exécution soignée avec colorations nacrées.

Toile de forme ovale. Haut., 63 cent.; larg., 53 cent.

Provenant de la collection du vicomte de Reiset.

LARGILLIÈRE (N. de)

13 — Portrait d'un poète lyrique.

Il est représenté en Apollon, les cheveux bouclés cou-
ronnés de laurier, la main droite s'appuyant sur la lyre. Il
a le torse pris dans une sorte de justaucorps très dégagé
du cou et en partie caché par une draperie amarante
retenue près de l'épaule droite par un cabochon de lapis-
lazuli. Au fond, à droite, dans un paysage montagneux,
on aperçoit Pégase qui se cabre en face de l'infini.

Cadre en bois sculpté.

Toile. Haut., 85 cent.; larg., 68 cent.

LARGILLIÈRE (N. de)

14 — Portrait d'un échevin.

Il est vu presque à mi-corps, de trois quarts à gauche, la
tête tournée presque de face, assis. Son visage plein est
encadré de boucles flottantes d'une haute perruque châtain clair. Il porte un manteau de velours foncé. Sous
son rabat de batiste blanche apparaît la croix du Saint
Esprit.

Toile. Haut., 80 cent.; larg., 63 cent.

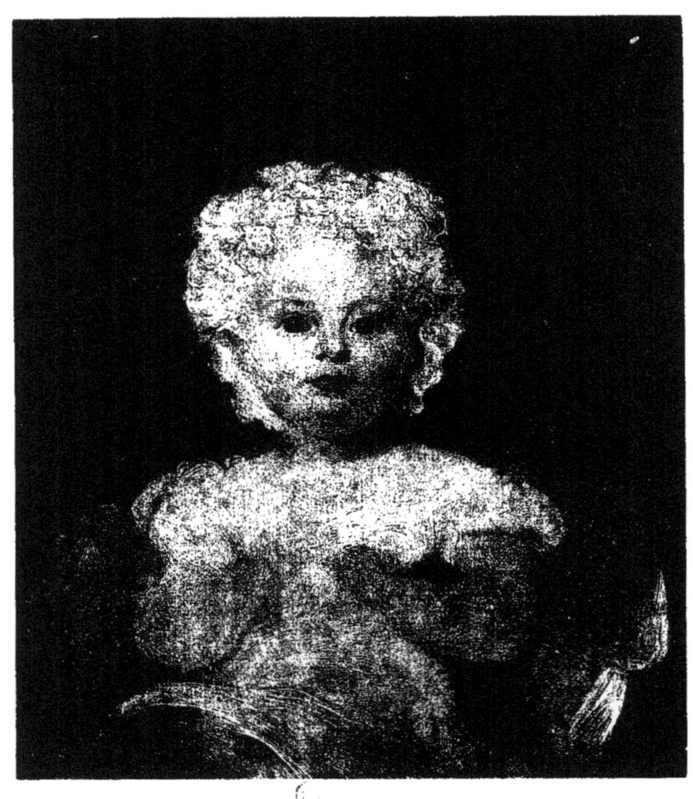

PORTRAIT DE MISS ANNA BYRON

LAWRENCE (Sir Th.)

15 — *Portrait de Miss Anna Byron, fille de lord Byron.*

L'enfant est assise sur un fauteuil. Elle écoute de ses deux yeux grands ouverts une histoire qu'on lui conte pour lui faire trouver moins longues les minutes de pose. Elle est coiffée d'un bonnet de dentelle qui met de la blancheur autour de sa face rose. Sa robe blanche est décolletée et ses deux mains fermées, ses bras ronds ployés disent assez l'intérêt qu'elle prend au récit du conteur. La figure se dessine en blanc sur un fond grenat.

Dessin aux délicates et fines colorations.

Toile. Haut., 53 cent.; larg., 45 cent.

LÉPICIÉ (Attribué à Nicolas-Bernard)

16 — *L'Enfant au chapeau noir.*

Il est vu de trois quart à droite, debout, sa petite figure ronde, demi-souriante, éclairée par des yeux bleus. Son vêtement gris dégage le cou sur le devant de la poitrine. Il est coiffé d'un chapeau noir à nœud de ruban, sur ses cheveux châtain clair coupés courts.

Toile de forme ovale. Haut., 52 cent.; larg., 42 cent. 1/2.

VAN LOO (Michel)

17 — *Portrait présumé d'un ambassadeur de France près la cour d'Espagne.*

Il est représenté à mi-corps, debout, la tête tournée presque de face; sous un manteau de velours rose brodé des insignes de l'ordre du Saint-Esprit, et agrafé près de l'épaule par une boucle à cabochons, on aperçoit le torse pris dans une cuirasse et la manche de velours bleu de l'habit, à galon d'or. Le manteau est bordé et doublé d'hermine.

Toile. Haut., 81 cent.; larg., 63 cent.

OUDRY (J.-B.)

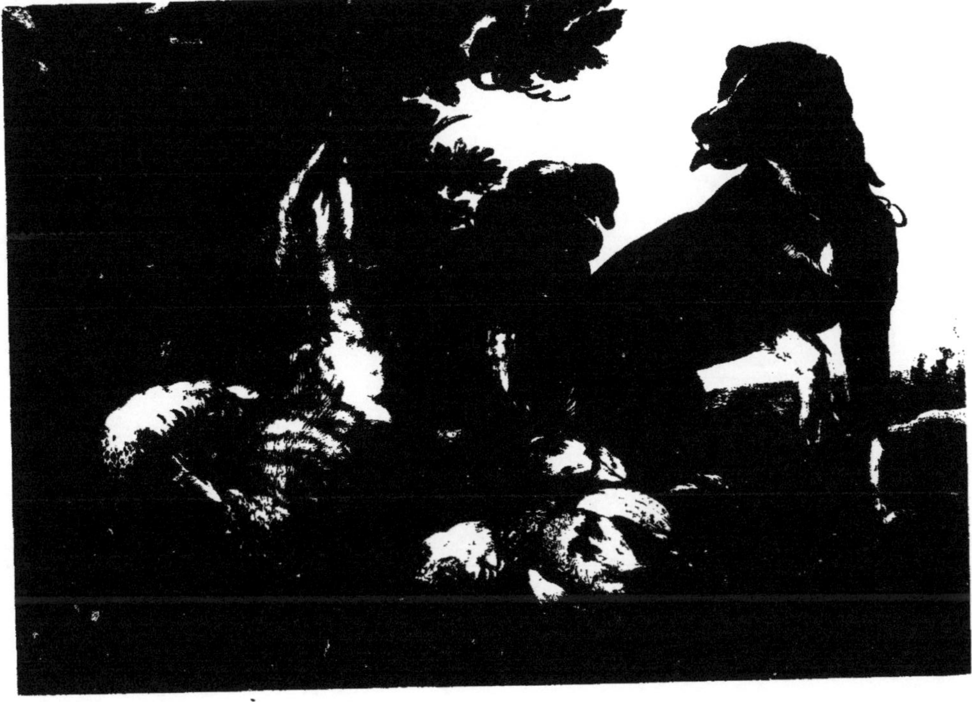

APRÈS LA CHASSE

OUDRY (J.-B.)

18 — *Après la chasse.*

Dans un coin de parc, les chasseurs ont déposé leur butin de la journée : un lièvre suspendu par les pattes de derrière à une branche basse, des perdrix, des cailles, etc. Près du gibier, deux chiens viennent flairer une proie convoitée. L'un tirant la langue, les yeux animés, lève sa patte de devant, comme s'il allait saisir le canard sauvage déposé devant lui. Derrière lui, un autre chien, dont on ne voit que la tête, le suit avec mélancolie.

Signé à droite : *J. B. Oudry*, sur le collier du chien.

Toile. Haut., 75 cent.; larg , 1 m. 04.

PÉRIN (Lié-Louis)

19 — *L'Attente*.

Elle est assise dans un parc, en coquets atours, robe d'un rouge bistré, à volant de mousseline et à paniers relevés par des nœuds de ruban bleu. Sa coiffure savamment montée permet à un chapeau de paille, garni de ruban bleu, d'être posé sur le côté de la tête. Elle a la main gauche renversée à la taille. De la main droite, posée naturellement sur le genou, elle tient un médaillon, un portrait qu'elle doit regarder souvent lorsqu'on la fait attendre. Sous sa robe, qui se relève légèrement, elle laisse voir son pied chaussé d'un soulier bleu à talon brun.

Cadre en bois sculpté.

Toile. Haut., 45 cent.; larg., 37 cent.

PERRONNEAU (Jean-Baptiste)

20 — *Portrait d'un conseiller au Parlement.*

Il est représenté de face, jusqu'à mi-corps, le rabat de crêpe noir à liseré blanc tombant sur la robe noire à simarre rouge, Il porte la perruque courte. Les yeux sont bleus, le teint animé, les lèvres fortes et d'un joli dessin.
Œuvre aux tonalités grises.
Signé en haut, vers la droite: *Perronneau, 1768.*
Cadre en bois sculpté.

Toile. Haut., 66 cent.; larg., 54 cent.

POURBUS LE VIEUX

21 — *Portrait présumé du duc de Guise.*

La tête, vue de trois quarts à droite, est séparée du gorgerin de l'armure par une fraise à tuyautés rigides qui épouse la forme du menton. Les lèvres sont serrées, la moustache est courte, ainsi que la barbe grisonnante taillée en pointe. Les cheveux sont coiffés en brosse, dégageant le front haut, intelligent et volontaire. Les yeux sont bleus, avec des paupières d'un ton vif. L'oreille est d'un dessin précis. Le nez, à l'extrémité large et aux ailes fines, exprime la volonté.

Panneau. Haut., 37 cent.; larg., 26 cent. 1/2.

PRUD'HON (Pierre-Paul)

22 — *Psyché.*

Elle est vue jusqu'à mi-corps, en sa nudité chaste, rete-
nant sur la poitrine, d'un joli geste de la main gauche,
une écharpe de gaze bleutée. Cette écharpe remonte derrière la tête et s'attache comme un voile à l'aide d'une
couronne de roses blanches sur ses cheveux blonds. Elle
penche légèrement la tête en avant : un sourire effleure sa
lèvre, ses paupières se baissent avec une virginale mo-
destie. Mais sa pudeur n'est pas rebelle à la douceur d'un
rêve et dans ses cheveux blonds aux bouclettes savantes,
parmi lesquelles passe un ruban blanc, il y a comme un
frisson de volupté et d'amour.

Cadre en bois sculpté.

Exécution simple, pleine de grâces.

Signé au milieu à droite.

Toile. Haut., 55 cent.; larg. 42 cent.

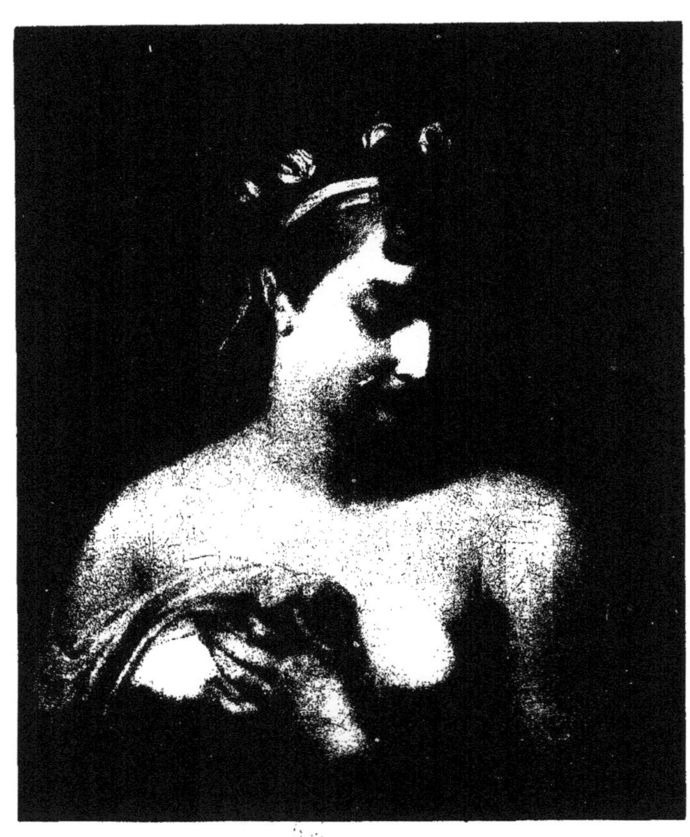

PSYCHÉ

REMBRANDT (ÉCOLE DE)

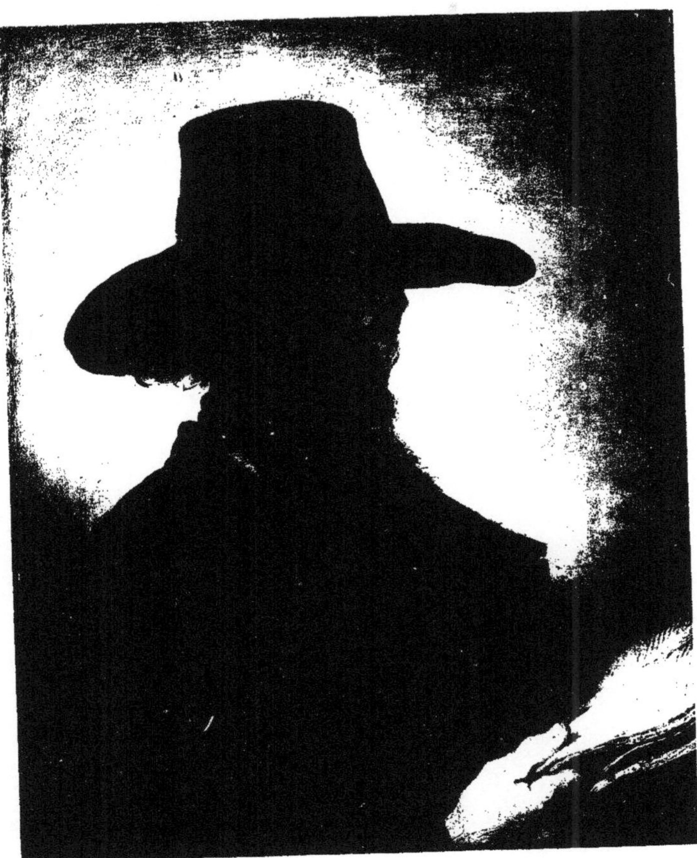

LA LECTURE DE LA BIBLE

REMBRANDT (École de)

23 — *La Lecture de la Bible.*

De trois quarts à droite, coiffé d'un feutre à larges
bords, l'homme est assis, tenant des deux mains une
Bible ouverte dont il fait la lecture. La tête est placée à
contre-jour et la lumière frappe les mains et le livre. Dans
l'ombre seulement s'indiquent la barbe rousse et les traits
puissants.

Toile. Haut., 70 cent. 1 2 ; larg., 54 cent.

RICCI (Sébastien)

24 — *Meurtre des grands prêtres près de l'autel des faux dieux.*

Très brillante esquisse.

Toile. Haut., 45 cent.; larg., 55 cent.

TROY (J.-F. de)

25 — *Portrait d'un magistrat.*

Il est assis devant un bureau, en robe de conseiller; le corps est de trois quarts à droite, la tête est tournée presque de face. Son visage apparaît rasé dans l'encadrement d'une ample perruque poudrée. Il s'appuie de la main gauche sur un coutumier qu'il tient, debout, tandis que la main droite chiffonne les simarres de la robe, à l'extrémité de l'accoudoir du fauteuil.

Au fond, à droite, de l'autre côté d'une draperie en partie relevée, on aperçoit un décor architectural fait de pilastres et d'arcades.

Toile. Haut., 1 m. 30; larg., 1 mètre.

VESTIER (Antoine)

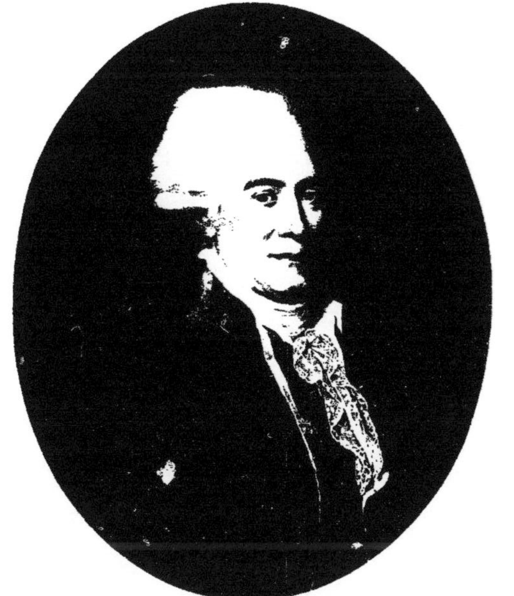

PORTRAIT D'HOMME

VESTIER (Antoine)

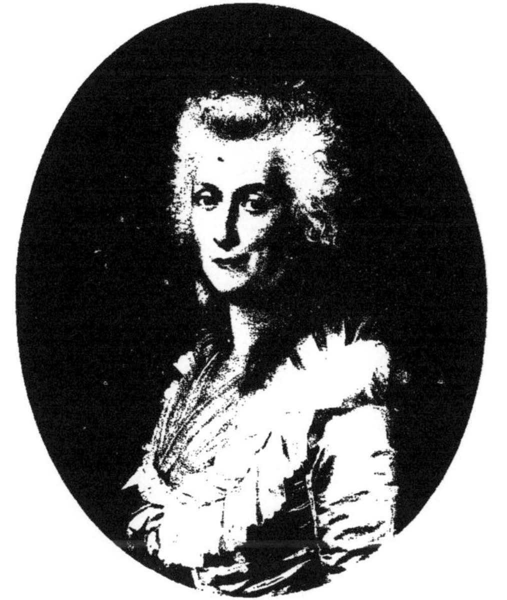
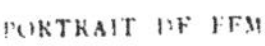

PORTRAIT DE FEMME

VESTIER (Antoine)

26 — *Portrait de femme.*

Elle est vue jusqu'à mi-corps, de trois quarts à gauche, les cheveux poudrés, des boucles s'échappant du chignon et descendant souples sur les épaules de chaque côté du cou.

Elle est vêtue d'une robe de soie bleue au corsage décolleté en carré, garni d'un ruché de linon blanc. L'ouverture du corsage est en partie dissimulée par une guimpe de mousseline blanche croisée.

Toile de forme ovale. Haut., 64 cent.; larg., 54 cent.

VESTIER (Antoine)

27 — *Portrait d'homme.*

En habit de satin marron, il est vu jusqu'à mi-corps, de trois quarts à droite. Une barbe de dentelle forme jabot sous la cravate. Un nœud de ruban noir retient le cadenas de la perruque poudrée. Le visage est rasé et la peau bleutée apparaît portant quelques sillons de rides par où s'affirme l'âge.

Toile de forme ovale. Haut., 65 cent.; larg., 55 cent.

VESTIER (Antoine)

28 — *Portrait présumé d'un acteur.*

Vu jusqu'à mi-corps, de trois quart à droite, en robe d'intérieur de soie grise à ramages, la chemise dénouée, le jabot jouant sur les revers de la robe. Il est coiffé, les cheveux poudrés à marteaux. La physionomie est d'une curieuse expression: les traits sont vigoureux, avec un accent de férocité. Les yeux ont de l'intelligence.

Cadre en bois sculpté.

Toile. Haut.. 64 cent.; larg.. 54 cent.

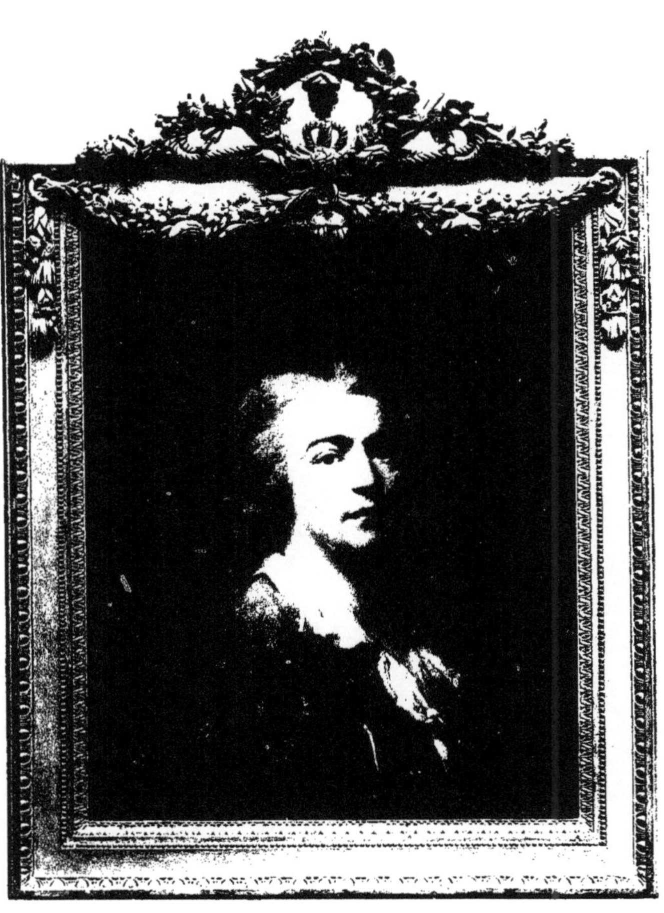

PORTRAIT PRÉSUMÉ D'UN ACTEUR

VESTIER (Antoine)

29 — *Portrait d'homme.*

Il est vu jusqu'à mi-corps, assis, appuyé contre une table sur laquelle il écrit une lettre. Sa main droite, d'un joli ton, émergeant de la manchette de dentelle et de la manche de l'habit bleu, tient une plume d'oie. Sous l'habit, on aperçoit un gilet brodé de fleurettes, qui s'ouvre pour laisser passer le jabot de dentelle. La figure a le teint vif dans l'encadrement des cheveux poudrés, frisés à marteaux. La figure se détache sur un fond gris neutre.

Signé à droite, en bas, sur le bandeau de la table-bureau, *Vestier, 1787.*

Cadre en bois sculpté.

Toile. Haut., 79 cent.; larg., 63 cent.

VIGÉE-LEBRUN (École de Mme)

30 — *Portrait de la comtesse de Polignac.*

Elle est vue jusqu'à la poitrine, de trois quart à droite, en corsage décolleté, garni de dentelle blanche qui joue sur la soie héliotrope du costume. Les cheveux poudrés et frisés encadrent largement le visage au teint vif. Sur les cheveux, une coiffe est placée, ornée de coques de ruban rayé bleu et noir.

Toile de forme ovale. Haut., 57 cent.; larg., 52 cent.

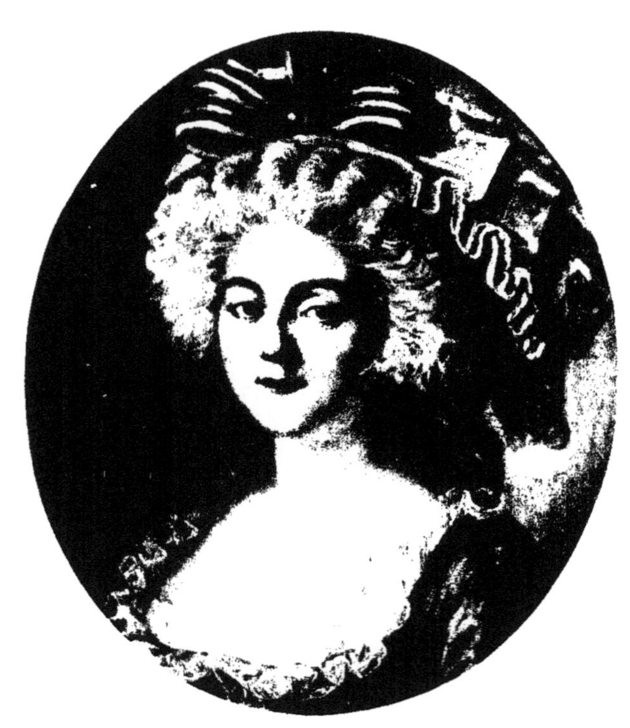

PORTRAIT DE LA COMTESSE DE POLIGNAC

ÉCOLE ANGLAISE

31 — *Ferme à l'entrée d'un bois.*

La ferme, coiffée de tuiles rouges, dresse son toit dans l'écartement des frondaisons touffues. Au-devant de la ferme, vers la gauche, passe un chemin qui longe un cours d'eau. Sur ce chemin, une paysanne, vêtue de rouge, s'éloigne tenant par la main un petit garçon. Au fond, du même côté, on aperçoit une plaine marquée de quelques buissons d'arbres, sous un ciel d'azur lumineux.

Toile. Haut., 28 cent.; larg., 46 cent. 1 2.

ÉCOLE ANGLAISE

32 — *Jeune Femme en prières.*

Toile ovale. Haut., 75 cent.; larg., 59 cent.

ÉCOLE HOLLANDAISE

33 — *Les Enfants.*

Dans un intérieur, sept enfants sont réunis. Il y a des
fillettes qui portent leur poupée, une autre qui joue avec
son hochet suspendu à sa taille par une chaîne d'argent.
A droite, un jeune garçon s'amuse avec une balle qu'il
pousse à l'aide d'un bâton, pour faire courir un jeune
chien que retient son frère. Les fillettes sont coiffées de
bonnets garnis de point coupé ; le garçon, plus âgé, est
en haut-de-chausses noir et pourpoint noir à boutons
grenat, avec col de batiste blanche sur un revers rouge.
Le gamin qui retient le chien est encore en robe et porte
un feutre beige à larges bords.

Toile. Haut., 1 m. 21 ; larg., 1 m. 72.

34 — *Portrait d'homme.*

Il apparaît jusqu'à mi-corps, assis dans un fauteuil, de
trois quarts à gauche, la tête tournée presque de face,
coiffé de la perruque poudrée à frimas. Le ton gris de son
habit de velours rend plus sensible encore le ton rouge et
vif de sa figure, qui doit se défendre avec art des attaques
du temps. Il tient dans ses bras un chien épagneul de
petite race, dont on ne voit que la tête aux yeux très
éveillés et les deux pattes de levant.

Cadre en bois sculpté.

Toile. Haut., 62 cent.; larg., 56 cent.

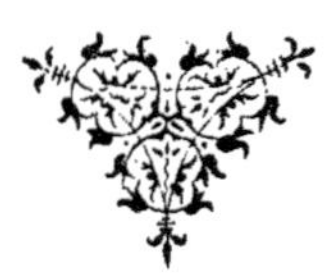

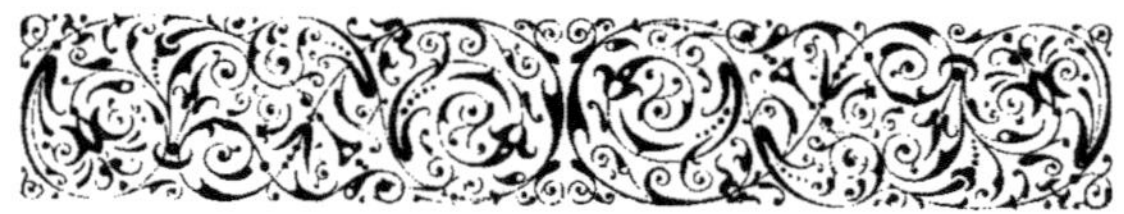

Pastel, Dessins, Lavis

BOUCHER (École de)

35 — *Groupe de quatre têtes de femmes.*

Dessin à la sanguine.

Haut., 27 cent.; larg., 37 cent.

LEPRINCE (École de)

36 — *Les Malheureux.*

Dessin à la mine de plomb avec quelques rehauts de sanguine.

Cadre en bois sculpté.

Haut., 51 cent; larg., 59 cent.

LEPRINCE

37 — *Le Chien savant et le tambourinaire.*

Dessin à la sépia.

Haut., 21 cent. 1 2; larg., 17 cent.

NATTIER Attribué à

38 — *Portrait de la Princesse de Beauvau.*

Elle est vue jusqu'à la poitrine, en corsage décolleté, une cravate de ruban bleu nouée autour du col ; ses cheveux sont bruns, légèrement poudrés ; une boucle s'échappe d'une mante de soie gris foncé très agréablement retenue, sur le dessus de la tête par un peigne à garniture de perles. La tête est vue de face, légèrement inclinée vers l'épaule droite. Le visage a de la jeunesse, avec ses pommettes roses, ses lèvres spirituelles, ses yeux au regard malin adouci par de la bonté. La figure se détache sur un fond gris bleuté.
Cadre en bois sculpté.

Pastel. Haut., 30 cent. 1/2 ; larg., 31 cent. 1/2.

SWEBACH-DESFONTAINE

39 — *En selle pour la course.*

Aquarelle. Haut., 17 cent.; larg., 21 cent.

WOUWERMANS

40 — *L'Escorte des cavaliers.*

Dessin au lavis.

Haut., 21 cent.; larg., 37 cent.

www.ingramcontent.com/pod-product-compliance
Ingram Content Group UK Ltd.
Pitfield, Milton Keynes, MK11 3LW, UK
UKHW022103170726
13837UKWH00003B/1061